AF463496

INAUGURATION

DE LA STATUE

DE

Mgr D'INGUIMBERT

ÉVÊQUE DE CARPENTRAS.

Extrait du Conciliateur de Vaucluse, *du 22 mai.*

CARPENTRAS.

L. DEVILLARIO, IMPRIMEUR-LIBRAIRE.

1858

Carpentras a été, dimanche dernier, le théâtre d'une fête que la pluie, en tout temps le plus ennuyeux des météores et le plus fâcheux un jour de fête, n'a pas pu empêcher d'être très-brillante, mais dont elle a assombri les débuts, et qu'elle a failli dépeupler.

Un très-fort vent du midi, qui avait soufflé pendant toute la nuit, ayant cessé brusquement dans la matinée, une pluie, d'abord très-fine et qui ne tarda pas à se changer en une averse des mieux nourries, a impitoyablement inondé la ville et obscurci l'horizon jusqu'à midi.

La fin de ce déluge a été même, de la part de l'atmosphère, une grâce inespérée, car, à voir le ciel couvert et l'horizon cerné comme ils l'étaient à onze heures, nul n'aurait supposé qu'à midi cette lourde couche de brouillards serait dissipée entièrement, et que nous jouirions le reste du jour d'un des plus magnifiques soleils de mai. C'est pourtant là ce qui est arrivé.

Toutefois, on conçoit sans peine combien cette implacable averse du matin a dû nuire à l'éclat de la fête et même en modifier le programme.

Ainsi, Monseigneur l'Archevêque d'Avignon, qui devait être reçu solennellement à la porte de la ville, est entré dans nos murs sous une pluie battante, et est allé directement descendre aux portes de l'église de Saint-Siffrein, où, à dix heures et demie, il a célébré la messe de la fête.

Cette messe devait, comme on sait, être dite au grand balcon de l'hôpital, où un autel du meilleur goût et du plus bel effet avait été dressé dès la veille, sans doute par l'initiative et les soins intelligents de M. l'Aumônier des hospices. Le monument, érigé en face de cet autel, devait être inauguré après la messe : la pluie en disposa autrement.

Ce contre-temps a bien empêché la foule d'entendre la messe en plein air, sur la vaste place de l'hôpital et en quelque sorte sous les yeux mêmes de l'ancien et vénéré bienfaiteur de la ville, mais elle s'en est dédommagée en allant l'entendre dans la vaste et superbe cathédrale de Saint-Siffrein, qui en un instant a été remplie.

Les autorités qui, dès dix heures du matin, s'y étaient rendues, avaient pris place dans le chœur.

Là se trouvaient M. le Préfet de Vaucluse, MM. les Sous-Préfets d'Orange et de Carpentras, M. le comte d'Inguimbert, arrière petit-neveu de notre évêque, M. l'abbé Bonnafoux, inspecteur de l'université, M. l'Ingénieur en chef du département, le colonel du 21e de ligne, M. Salva, conseiller de préfecture, M. l'abbé Trouchet, supérieur du séminaire de Sainte-Garde, etc., etc.

Pendant la messe, un orchestre fort nombreux, auquel étaient venu s'adjoindre plusieurs musiciens distingués d'Avignon, fit entendre divers morceaux du meilleur choix et d'une très-remarquable exécution.

A une heure, un banquet de cent vingt couverts réunissait, dans une des salles de l'hôtel-de-ville, en outre des autorités réunies pour la fête et d'un grand nombre d'invités, l'élite de la société de la ville.

Là plusieurs discours ont été prononcés. M. le Préfet a pris le premier la parole, et, dans quelques considérations d'un intérêt général, développées avec talent, il a captivé l'attention de tous, et s'est assis au milieu des applaudissements.

M. le Sous-Préfet a pris à son tour la parole. Dans son discours plein de verve et d'originalité il a fait de Carpentras un éloge aussi remarquable par le bon sens que par le bon goût. Il a rappelé très à-propos et en souriant les petits persifflages qu'un journal de Paris produisait dernièrement contre notre ville, et il a fort égayé les convives aux dépens de ces mauvais plaisants.

M. le Marquis de Jocas, maire de la ville, s'est levé ensuite, et il a fait, en quelques paroles simples et faciles, l'éloge de Mgr d'Inguimbert. Ensuite il a apprécié, avec autant de bonheur que de justesse, le caractère de la fête commémorative qui se célébrait.

Jusques là on n'en était encore, pour ainsi dire, qu'aux accessoires de la fête : la cérémonie principale, celle de l'inauguration, attendait son heure : on avait même craint un instant de la voir renvoyer au lendemain, mais le ciel s'était éclairci, un soleil splendide s'était dégagé des nuages qui le voilaient : elle fut annoncée pour quatre heures.

Dès trois heures et demie, les places réservées autour du monument qu'on allait inaugurer étaient occupées par un grand nombre de dames aux plus riches toilettes, et par toutes les administrations civiles et judiciaires de la ville. Sur une estrade élevée en face de la statue et de la grande porte de l'hôpital, étaient venus prendre place M. le Préfet, et son nombreux cortége.

Enfin le son des cloches et la musique de la compagnie des pompiers annoncèrent à la foule immense qui avait envahi la place que Monseigneur Debelay quittait l'église et s'avançait pour venir présider la cérémonie.

Bientôt on vit déboucher, par la rue Notre-Dame, le long cortége des confréries de pénitents et des congrégations de femmes, qui défila processionnellement jusqu'au-devant de la grande façade de l'hôpital. Monseigneur l'Archevêque, suivi d'un nombreux clergé, vint prendre place sur le fauteuil qui lui était réservé, au milieu de l'estrade, et l'on n'attendit plus que de voir tomber le voile qui recouvrait la statue, pour saluer le héros de la fête dans le monument élevé à sa mémoire.

Après quelques minutes d'attente, pendant lesquelles l'orchestre, sous la direction de M. Tourès, occupait l'attention et suspendait l'impatience, ce voile fut enfin levé, et une immense et unanime explosion d'applaudissements salua l'apparition des traits de l'auguste et vénéré MALACHIE D'INGUIMBERT.

Dès que le murmure d'émotion qui venait d'agiter la foule fut apaisé, Mgr Debelay se leva et prononça un discours dont nous sommes assez heureux de pouvoir reproduire les paroles :

Messieurs,

La brillante solennité qui anime aujourd'hui la ville de Carpentras est comme le complément d'une autre solennité célébrée, il y a peu de jours, à Avignon. Alors, c'était un hommage public rendu à la bravoure militaire, mise au service du devoir pendant une longue vie pleine de dévoûment et d'honneur; ici, c'est un magnifique et public hommage rendu par une cité importante et par les populations circonvoisines à une renommée plus pacifique, mais non moins glorieuse et chère.

S'il nous était permis de peser dans la même balance des mérites d'un ordre divers, nous dirions que la gloire acquise par les aimables vertus du pontife et du père émeut et captive aussi vivement l'âme que la gloire du guerrier illustré par cent combats; nous dirions que l'héroïsme de celui qui passe en faisant du bien n'est pas moins beau que l'héroïsme de celui qui porte l'épée... L'épée, même lorsqu'elle frappe l'ennemi du pays, le traître ou le félon, laisse toujours après elle du sang, des larmes et des deuils amers ; la croix bénit, console et relève les cœurs abattus. Nous le dirions, si une comparaison pouvait être établie entre des grandeurs de caractère et d'abnégation développées dans des carrières si dissemblables et toutes deux magnifiques, vues sous l'aspect qui leur est propre.

Habitants de Carpentras, vous n'avez donc rien à envier de l'éclat projeté sur les cités voisines par leurs grands hommes ; vous n'êtes pas les moins favorisés dans le lot de gloire et d'honneur que vous a légué le nom de Monseigneur d'Inguimbert. Par une heureuse et rare réunion de talents éminents, de science profonde, de vertus chrétiennes portées jusqu'à la perfection qui fait les saints, Monseigneur d'Inguimbert brille d'une triple auréole dont une seule suffit à recommander la mémoire d'un homme et à illustrer un pays. Vous vouliez surtout, je le dis à votre louange, car les sentiments qui viennent du cœur sont les meilleurs, vous vouliez surtout élever un *ex voto* monumental de votre reconnaissance à celui qui fut le bienfaiteur insigne de votre cité et de la province, et voici que votre hommage célèbre le savant, l'écrivain, en s'adressant au pontife vénéré, ce père aimé de tous.

Lorsque nous appelons ce monument qui va orner votre cité un *ex voto* de la reconnaissance publique, il nous plaît de penser que nous interprétons par son côté le plus vrai le sens intime de cette fête. Ce magnifique palais, élevé pour recueillir les pauvres souffrants, et doté avec une largesse royale par celui qui de ses riches bénéfices ne se réservait que la part nécessaire à la vie austère d'un trappiste ; cette bibliothèque, où sont renfermés les trésors les mieux choisis de la science et des lettres, sont des monuments toujours vivants de la bienfaisance du prélat et de l'amour qu'il portait à sa ville épiscopale. Il n'était donc pas besoin d'un autre signe public pour perpétuer ces deux souvenirs; Monseigneur d'Inguimbert, sans vouloir, sans rechercher cette satisfaction de célébrité, avait dressé lui-même le monument de son amour pour son troupeau, et il en avait confié la garde aux soins de sa chère ville de Carpentras. Mais il manquait un symbole, un témoignage solennel du culte de gratitude, de vénération et d'affectueux souvenir dont vos mères vous ont appris à honorer sa mémoire; aujourd'hui vous acquittez noblement cette pieuse dette, accrue par cent ans de bienfaits toujours renouvelés.

Soyez remercié, Monsieur le Préfet, soyez remercié, Monsieur le Sous-Préfet, soyez remercié, Monsieur le Maire, et vous tous, magistrats et citoyens, qui présidez aux destinées de la cité par vos fonctions, votre influence, vos bons conseils, votre générosité; soyez remerciés du concours empressé avec lequel vous avez coopéré à cette œuvre d'une signification morale, si religieuse et si digne. Vous n'avez pas seulement décoré la ville d'un monument majestueux, vous avez fait bien plus que cela : vous avez donné une expression solennelle et durable comme le bronze aux plus purs sentiments d'une population qui vient rendre amour pour amour.

Messieurs, le talent de l'artiste a traduit votre pensée et a coulé en quelque sorte l'âme de Monseigneur d'Inguimbert avec un bonheur qui lui vaut des félicitations bien méritées. Dans ces traits nobles, dans cette figure sympathique, ne reconnaissez-vous pas la bonté paternelle, la tendre charité, la gravité sereine du chrétien, du prélat et du savant? ne diriez-vous pas que le bon pasteur va parler, qu'il est heureux de voir son peuple assemblé autour de lui? Il parle, en effet, à qui veut l'entendre; de ce bronze muet il sort un enseignement pour tous ceux qui savent se recueillir en écoutant les voix intimes des grands souvenirs. Elles disent aux riches: souvenez-vous que la fortune ne procure aucune jouissance égale au plaisir de faire du bien; elles disent aux pauvres : dans vos heures de découragement et d'angoisses, souvenez-vous que la Religion a mis des trésors de tendresse et de compassion pour vous dans le cœur de vos frères mieux partagés des biens de la terre. Au lieu d'accuser, de blasphémer, de vous abandonner aux mauvais conseils du désespoir ou de la colère, ayez confiance au Père qui est dans les cieux; criez vers lui, et il aidera votre détresse par une de ces merveilles de charité qui ne font jamais défaut à ceux qui ont courage et foi en la bonne providence. Voyez les inspirations généreuses que la Religion suggère à ses pontifes; voyez les œuvres séculaires qu'elle fonde avec les bras, la bourse, les sacrifices de tous, pour abriter les vieillards sans asile, les enfants sans famille, et pour soulager toutes les souffrances du corps et de l'âme! Voyez!.. vous apprendrez à l'aimer de plus en plus, cette Religion sainte de vos pères, dont la pratique assure non-seulement le bonheur de l'avenir, mais est encore la source féconde des véritables biens que nous rencontrons ici-bas.

C'est donc en quelque sorte, Messieurs, un moniteur bienveillant mais inexorable à nos faiblesses que vous placez au milieu de la cité. Vous rendez son trône épiscopal à Monseigneur d'Inguimbert en l'élevant sur ce piédestal, et nous pouvons lui appliquer ce mot des saints livres : *Ecce defunctus adhuc loquitur*. Il est là ce qu'il fut jadis dans son palais et dans son église cathédrale : l'ami du pauvre, le conseil du riche, le modèle du prêtre et du pontife. Dans cette riche moisson de vertus, recueillons chacun notre épi, et honorons, par notre émulation à l'imiter, celui que nous entourons tous de notre admiration pour ses hauts mérites.

Après ce discours, qui fut écouté avec toute l'attention qu'on peut attendre d'une si grande réunion de spectateurs, M. le Maire prit de nouveau la parole, et s'exprima en ces termes :

Messieurs,

Il y a peu de jours, Avignon honorait, dans le brave Crillon, une des plus belles gloires militaires de la France.

Aujourd'hui, dans ce monument élevé par la reconnaissance publique à Dom Malachie d'Inguimbert, nous consacrons les souvenirs d'une gloire plus modeste, mais non moins solide, et qui, sur un théâtre plus restreint, ne fut pas moins féconde par tout le bien qu'il a fait et laissé après lui.

Notre ville est, à juste titre, fière des pontifes qui, à diverses époques, ont illustré son siége. — Le cardinal Sadolet, un des grands hommes du grand siècle de Léon X, aida, par son action intelligente, à la renaissance des arts et des lettres. — L'évêque Caponi, cet ami des pauvres, fonda notre Mont-de-Piété, un des premiers qu'ait possédé la France ; — et le cardinal Bicchi a laissé, dans son palais épiscopal, de longs souvenirs de son amour pour les arts.

D'Inguimbert a réuni toutes ces gloires. Pieux cénobite, savant distingué, pasteur dévoué à son troupeau, les lettres et l'humanité lui doivent les fondations les plus utiles ; et lorsque la mort vint le surprendre, son ardente et inépuisable charité en méditait de nouvelles qu'il ne lui fut pas donné d'exécuter.

Le suivrai-je, Messieurs, dans quelques-uns des détails de cette vie qui fut si bien remplie et que nous connaissons tous ?

Vous le montrerai-je, entrant de bonne heure en religion, renonçant aux jouissances et aux séductions du monde ; d'abord Dominicain, plus tard Trappiste de la réforme de l'abbé de Rancé, chrétien des temps antiques, modèle des vertus les plus austères qu'il ne cessa de pratiquer jusqu'à la fin sous ce costume *aimé* du cloître, que, dans les solennités de la religion, les convenances de l'épiscopat cachaient à peine sous les vêtements du pontife !

Homme de lettres, lié dès sa jeunesse avec les Mabillon et les Rollin, il fut honoré de l'amitié des souverains pontifes. Bibliothécaire de Clément XII (le savant Corsini), il était destiné aux honneurs de la pourpre romaine si des devoirs, dont il fut toujours esclave, et l'amour de sa patrie, ne l'eussent pas lié, pendant les vingt dernières années de sa vie, aux soins du troupeau qui lui avait été confié.

Avant qu'il vînt occuper ce siége dont il fut la gloire, on le vit, négociateur habile, chargé par la cour de Rome de missions importantes et délicates, venant ensuite déposer aux pieds du souverain pontife les libéralités que la reconnaissance des souverains étrangers lui avait adressées. Et lorsqu'elles lui furent rendues sous *une forme nouvelle* par la générosité délicate de Clément XII (1), il les réunissait à son patrimoine pour les consacrer aux lettres et au soulagement des misères de l'humanité.

C'est vous dire, Messieurs, les deux plus beaux titres de sa gloire : la *Bibliothèque* dont il a doté notre ville et que les savants nous envient, — et cet *Hôtel-Dieu*, monument d'art et de charité, qu'admirent les étrangers et par lequel son *nom* et la *mémoire* de ses bienfaits ne périront jamais.

Et quelle gloire fut jamais plus populaire que la sienne ! Mort depuis un siècle, on dirait qu'il a vécu au milieu de nous, que nous l'avons tous connu ; et ce monument que ses concitoyens viennent de lui élever, n'est qu'un bien faible témoignage de l'amour que nous lui avons voué et de la reconnaissance publique.

La reconnaissance est un tribut d'hommage rendu aux âmes grandes et généreuses. C'est la Religion qui les forme et les inspire. Par elle a été préparée et fondée au moyen âge la civilisation moderne ; et 'Europe doit au christianisme ces institutions et ces fondations sans nombre consacrées par la charité au soulagement des misères humaines.

Toujours féconde, la pensée chrétienne enfante chaque jour de nouveaux dévoûments et de nouveaux prodiges. Et sans aller, Messieurs, en cher-

---

(1) On a conservé le souvenir de cette cassette remplie de lingots d'or, que lui envoya le roi du Portugal, et que lui rendit Clément XII au retour de son hôtel des monnaies, en lui disant : je devais y ajouter la façon.

cher loin de nous de touchants exemples, un des pontifes qui, dans ces derniers temps, ont honoré notre diocèse, décoré aujourd'hui de la pourpre romaine, n'a-t-il pas, en 1840, dans l'ancienne ville papale, donné aux Avignonais l'exemple de ses dernières ressources engagées pour venir en aide aux victimes de l'inondation? (1)

Pourquoi, Messieurs, la présence et la modestie de son successeur nous imposent-elles la réserve et le silence? Honneur du moins au pontife vénéré qui, présidant à cette pieuse inauguration, est venu associer ses hommages à ceux que nous rendons à la mémoire impérissable de notre saint Evêque! Honneur aussi à ce haut fonctionnaire qui a si bien compris les gloires de notre ville, une des plus importantes du département confié à la sagesse de son administration! Honneur à son digne collaborateur dans notre arrondissement et à tout ce cortége d'hommes éminents, dans le clergé, dans l'administration, dans la magistrature et dans l'armée, qui se pressent dans cette enceinte! — et à cette foule immense de tout âge, de tout rang et de toutes conditions, compatriotes et étrangers, qui assistent à cette grande et belle cérémonie!

Et vous, Monsieur d'Inguimbert, héritier d'un nom qui aura toujours parmi nous droit de cité; vous qui, après l'avoir porté avec honneur dans la carrière des armes, avez su reproduire, dans la vie privée, les vertus bienfaisantes qui nous le rendent

(1) En 1840, Mgr Dupont, alors archevêque d'Avignon, touché des misères de son troupeau aux prises avec le fléau de l'inondation, épuisa en libéralités et en aumônes toutes ses ressources, et se vit réduit à emprunter 300 fr. de son valet de chambre.

si cher, recevez votre part des sentiments qui font battre tous nos cœurs. Les pompes de cette grande solennité ne s'effaceront jamais de nos souvenirs. D'âge en âge et dans chaque famille, les mères chrétiennes rediront à leurs jeunes enfants que ce fut une des plus belles journées dont se soit enorgueillie notre ville.

Enfin, Monseigneur d'Avignon, suivi de plusieurs chanoines en camail, quitta l'estrade, gagna processionnellement la grande porte de l'Hôtel-Dieu, et bientôt on le vit reparaître, revêtu des ornements pontificaux, au balcon de l'hôpital, devant le splendide autel improvisé, où le matin la messe avait dû être célébrée.

Là, après de courtes prières, Monseigneur se tourna vers la foule des fidèles, et, dans une allocution prononcée d'une voix forte et sonore, il félicita de nouveau la ville des honneurs qu'elle rendait à son ancien bienfaiteur.

Enfin, du haut de cette tribune imposante, le prélat éleva sa main, et fit entendre sur la foule recueillie les paroles solennelles de sa bénédiction.

Une fois la cérémonie terminée, la statue, qui jusque-là n'avait été en quelque sorte qu'aperçue par les spectateurs et considérée seulement, au milieu de l'émotion générale, comme un pieux monument de reconnaissance, fut examinée enfin comme une œuvre d'art. Et c'est alors que chacun put admirer l'œuvre vraiment excellente de M. Daumas.

Tous les sentiments ont été unanimes pour reconnaître les hautes et brillantes qualités de cette composition. Le prélat est représenté en surplis et avec la mozette, la main droite levée et deux doigts étendus comme pour bénir la cité. Il a la tête légèrement tournée vers la ville dont il a été l'édification et le bienfaiteur. Dans sa main gauche il tient un rouleau dont le pli porte écrit ces mots : *Hôtel-Dieu — Bibliothèque....* Ces deux mots ne renferment-ils pas toute la vie du pieux et savant prélat ?

L'œuvre de M. Daumas est surtout remarquable, et cela devait être, par la merveilleuse perfection de la tête, perfection plastique et idéale tout ensemble, car, dans les savantes harmonies de ces lignes et dans la sage mesure de ces tons, rayonnent aux yeux de tous les douces clartés d'une âme, et nul ne passera sous ce front que la pensée incline, sous ce regard que la sollicitude remplit, sous ces lèvres d'où semble déborder le miel de la charité, sans penser que c'est là l'image d'un savant, d'un apôtre, d'un saint.

Ajoutons tout de suite que M. Daumas a trouvé dans M. Maurel, fondeur à Marseille, un collaborateur aussi habile qu'éclairé.

Le succès de la fonte et du coulage de cette œuvre est de nature à lui faire le plus grand honneur, d'autant plus que M. Maurel, en créant à Marseille un établissement où de pareils travaux s'accomplissent, a affranchi la province du monopole exercé jusqu'ici par la capitale.

Après la cérémonie de l'inauguration, toutes les autorités se rendirent de nouveau à l'église de Saint-Siffrein, où eut lieu un salut solennel donné par Monseigneur l'Archevêque, à la suite duquel Sa Grandeur fit entendre pour la dernière fois des paroles d'édification à tous, de résignation et d'encouragement aux déshérités des biens de ce monde, et d'exhortation aux personnes favorisées de la fortune à faire part de leur superflu aux indigents.

Un chœur de demoiselles, composé de plus de soixante voix et dirigé par M. l'abbé Buffardin, fit entendre ensuite une cantate de Weber, qui fut parfaitement interprètée, et qui fut comme l'adieu de la ville au vénéré prélat qui était venu présider la solennité.

Cette mémorable journée s'est terminée, le soir, par une splendide illumination de la large façade de l'hôpital et par un feu d'artifice dont les lueurs éclatantes venaient tour à tour resplendir sur le bronze luisant de la statue, et montrer l'ombre du prélat comme dans une sorte d'apothéose.

STANCES

écrites la veille de l'inauguration de la Statue de Mgr d'Inguimbert.

Pourquoi ces appareils, ces pompes qu'on prépare
Devant ce grand hôtel dont le balcon se pare
D'ornements éclatants ?
Pourquoi voit-on ainsi passer la foule émue ?
Sur ce piédestal neuf quelle est cette statue
Couverte de draps blancs ?

Est-ce là le palais de quelque homme de guerre ?
D'un de ces fiers vainqueurs qui laissent sur la terre
Plus de bruit que de bien ?
Et ce bronze voilé porte-t-il la figure
D'un brave qui vient là de sa rude stature
Etaler le maintien ?

Le verrons-nous demain, dans sa large cuirasse,
Cambrer son torse épais, et sur la populace
Baisser son œil hautain ?
Le verrons-nous, le poing posé sur son épée,
Faire luire au soleil sa poitrine équipée
D'un corselet d'airain ?

Verrons-nous, sur la foule accourue à la fête,
Sa main sortir du voile et s'ouvrir, toute prête
A commander encor,
Et l'arme d'acier fin luire dans sa ceinture,
Et sur son talon noir, qu'appesantit l'armure,
Briller l'éperon d'or ?

Non, Dieu merci ! demain nous verrons d'autres choses ;
C'est pour d'autres héros que nous coupons nos roses
Et parons nos autels.

Certes ! depuis le temps que l'histoire y travaille,
On a bien assez mis de héros de bataille
Parmi les immortels !

Non ; nous verrons demain, sur ce socle de pierre,
Se dresser devant nous une ombre moins altière,
Un plus doux souvenir ;
Nous verrons un pasteur, à la face angélique,
Lever sur le troupeau sa main évangélique
Ouverte pour bénir.

Nous verrons se dresser l'ombre auguste et sereine
D'un prélat, au cœur d'or, à la main toujours pleine,
Au regard indulgent,
Qui donnait sans chercher la foi ni la personne,
Donnait comme le Christ veut que le chrétien donne
A son frère indigent.

Celui-là ne fit pas grand bruit avec sa crosse,
Et ne convertit pas sa sandale en carrosse
Pour garder ses brebis.
Il les garda sans peur, sans faste et sans vacarmes,
Et vécut, ne songeant qu'à sécher quelques larmes
Du bord de son surplis.

Celui-là ne mit pas son or aux gloires vaines
Qui laissent aux tombeaux les lueurs incertaines
De la célébrité ;
En un double bienfait il mit sa vie austère ;
Il vous légua son bien, sœurs au fruit salutaire,
Etude, Charité.

Dr C. POUJADE.

Carpentras, 15 mai 1858.

A MONSEIGNEUR D'INGUIMBERT.

Honneur sur cette terre aux guerriers magnanimes !
Gloire au cœur de lion qui bat sous le haubert !
Mais gloire dans les cieux aux apôtres sublimes !
A chacun votre part, Crillon et d'Inguimbert !

Le premier de ces noms, porté d'un pôle à l'autre,
Rappelle la vaillance et l'honneur en tous lieux :
Il est connu de tous. Si le nom de l'apôtre
Va moins loin sur la terre, il se perd dans les cieux.

Ah ! sans doute il est beau de forcer des murailles,
De monter le premier aux brèches des remparts ;
Mais soyons, aujourd'hui blasés par les batailles,
Fiers des Vincents de Paul autant que des Bayards.

Sur un socle élevé plaçons la Bienfaisance :
Nous l'honorerons mieux en l'admirant d'en bas,
Vertu trop rare, hélas ! même dans notre France,
Où, l'histoire le sait, la valeur ne l'est pas.

Notre reconnaissance est tardive peut-être ;
Non. C'est que d'Inguimbert, grand prélat, humble prêtre,
Par tant de souvenirs était encor vivant,
Et vivait dans le cœur du pauvre et du savant.
C'est là que son image avait un sanctuaire,
Sans le secours du bronze et l'art du statuaire.

Pour notre gloire à nous, un légitime orgueil
Près du palais du pauvre élève cette image.
Souvent un piédestal se transforme en écueil,
Et l'homme qu'on exalte y vient faire naufrage.

Sainte image, ne crains aucun triste retour,
Despotisme brutal ou stupide anarchie ;
Ton œuvre te défend, et le pauvre, à son tour,
Du seuil de ce palais protège Malachie.

Salut, évêque d'or à la crosse de bois!
C'est ainsi que le peuple, en son naïf langage,
Nommait ces bons pasteurs, moins rares autrefois,
Pauvres prélats bien grands en petit équipage.

Prodigues de leurs biens, ils ne gardaient pour eux
Que le luxe divin de faire des heureux.
Celui-ci de trésors enrichit la science
Et bâtit un palais pour loger l'indigence.
Tandis qu'il habitait sous les combles du sien,
Sans feu, lui grand seigneur, qui ne possédait rien,
Il laissa (c'est ainsi que l'a dépeint la muse)
Le pauvre sans besoin, l'ignorant sans excuse.

Son troupeau tout entier prend part à ses faveurs.
Puissions-nous, saint prélat, te voir des successeurs
Qui, sans se contenter de trôner à ta place,
Te prennent pour modèle et marchent sur ta trace !

Que dis-je? il en est un qui peut être nommé, *
Même après d'Inguimbert. Nous l'avons tous aimé,
Nous qui l'avons connu pendant notre jeunesse ;
Il a versé sur nous des larmes de tendresse ;
Nous l'appelions mon père, il disait mes enfants.
Pieux envers les morts, doux envers les vivants,
Austère envers soi seul, charitable et saint prêtre,
Il était tout à tous, comme son divin Maître.

Nous ne pouvons louer que ceux qui ne sont plus ;
Le bruit convient aux morts, aux vivants le silence ;
Chez eux l'humilité, sœur de la bienfaisance,
Est au même niveau que les autres vertus.

Mis H. de Lagarde

* Le curé Justiniani.

A MONSEIGNEUR D'INGUIMBERT.

I.

Quand Jésus aux humains apporta l'Évangile,
Qu'il se vit entourer d'une foule docile,
Recueillant sa parole et ses conseils divins,
Sans cesse il leur disait : Frères, tous les matins,
Lorsque aux travaux du jour la vigilante aurore
Vous appelle, priez, et puis priez encore
A l'instant où la nuit, aux vêtements obscurs,
Assombrit la nature et rampe sur vos murs.
Cependant, croyez-moi, c'est bien peu si votre âme
Ne ressent cet amour, cette brûlante flamme
Par qui des malheureux connaissant les douleurs,
Vous vous sacrifiez pour essuyer des pleurs !
Donnez, riches, donnez du pain à l'indigence ;
Abritez sous vos toits vos semblables souffrants,
Partagez avec eux votre heureuse abondance,
Et plus tard dans le ciel, riches, vous serez grands !
Surtout humiliez cet esprit si superbe
Qui tend à s'élever, méprisant ses égaux,
Car l'orage en passant ne touche pas à l'herbe,
Mais brise en mille éclats le chêne aux longs rameaux.
Et le peuple écoutait, et toute cette foule,
Semblable à l'Océan qui sur la grève roule
Ses flots tumultueux, accompagnait ses pas.
Ce zèle pour le Christ ne se démentit pas.
Il avait, prévoyant la fin de sa carrière,
Du soin de son troupeau chargé le pêcheur Pierre,
Confirmant, par ce choix, ce qu'il dit bien souvent
Que les plus ignorés seraient au premier rang.

II.

Les siècles ont passé ; les nations éteintes
Ne sont qu'un souvenir ; mais ces paroles saintes,

Que scella de son sang notre maître Jésus,
Trônent sur les débris de peuples disparus.
Elles sont là debout, et pourtant peu comprises.
La foi, prête à crouler, les vertus compromises,
Depuis longtemps, hélas ! demandaient de concert
Un soutien parmi nous. — Dieu nomma d'Inguimbert.

Salut, humble prélat, toi qui, dans ta patrie,
Répandis les trésors d'une auguste pitié,
Et t'opposant sans cesse aux efforts de l'impie,
Fis revivre la loi de Jésus oublié.

Le pauvre te doit tout. Bien souvent la misère
Sur son front attristé posait sa pâle main,
Et manquant de secours, bien souvent une mère
Donnait à ses enfants des pleurs au lieu de pain.

Ton cœur sentit ces maux, et ton cœur charitable
De leur soulagement s'occupa tout entier.
A l'indigent honteux il offrit une table,
Au vieillard sans famille il offrit un foyer.

Et lorsqu'un malheureux, qu'un feu caché consume,
Succombe sous le poids d'une morne douleur,
Grâce à toi, de ses maux pour calmer l'amertume
Un ange est près de lui sous les traits d'une sœur.

Tu compris qu'il restait l'ignorance à détruire,
Qu'après le pain du corps vient celui de l'esprit ;
Et soudain un palais où chacun put s'instruire,
Par tes soins paternels à ton peuple s'ouvrit.

Quel est donc le secret de tant d'œuvres sublimes ?
Ah ! nous le savons tous, c'est ton amour, ta foi,
C'est l'accomplissement de tes saintes maximes,
C'est ton grabat plus beau que la couche d'un roi !

Tu parus dans des temps de pénible mémoire
Où régnaient souverains et le faste et l'orgueil,
Et toi qui méprisais les honneurs et la gloire,
Tu vis la gloire un jour s'asseoir sur ton cercueil.

III.

Pauvres, riches, puissants, accourez tous ensemble,
Célébrez, bénissez le jour qui vous rassemble
Près de ce monument qui rappelle les traits
D'un illustre prélat béni pour ses bienfaits.
Vous en rapporterez, grâce à son influence,
Riches, la charité, vous, la reconnaissance.
Quel exemple, en effet, peut valoir à vos yeux
Les austères vertus d'un évêque pieux
Qui, dénué de tout au milieu des richesses,
Et d'un rang dangereux évitant les faiblesses,
Fut mis d'autant plus haut qu'il s'était mis plus bas?
Répondez aujourd'hui, ne préférez-vous pas
Au conquérant fameux qui, dépeuplant la terre,
Fait d'un vaste pays un vaste cimetière
Pour tenir plus d'états enchaînés sous sa main,
La noble bienfaisance au front pur et serein ?
Ces guerriers en renom savent-ils que leurs armes
Avec des flots de sang mêlent des flots de larmes ?
L'honneur qu'un citoyen peut avoir amassé
A toujours une tache où les pleurs ont passé ;
Et si ces coups d'éclat excitent le délire
De quelques insensés, ils les font tous maudire
Par les mères en deuil redemandant les fils,
Espoir de leurs vieux ans, qui leur furent ravis.
La charité du moins adoucit la souffrance,
Chasse le désespoir, apporte l'espérance,
Et recueille avec soin l'enfant désespéré
Que rendit orphelin un héros abhorré.

HENRI DEVILLARIO.

Carpentras. Impr. Devillario.

www.ingramcontent.com/pod-product-compliance
Ingram Content Group UK Ltd.
Pitfield, Milton Keynes, MK11 3LW, UK
UKHW021038200726
13857UKWH00005B/1787

9 782013 073240